Le perroquet qui comprend tout

Une histoire écrite par François David
illustrée par Jean-Claude Götting

LES BELLES HISTOIRES
BAYARD POCHE

Nestor est un perroquet très intelligent.
Il comprend tout, tout, tout !

Bien sûr, comme tous les autres perroquets,
Nestor sait répéter ce qu'on lui dit.
Quand on lui dit : « Bonjour, Nestor ! »,
il répète : « Bonjour, Nestor ! »
Mais si on lui demande :
« Quelle heure est-il ? »
il est capable de répondre :
« Il est midi »,
en regardant la pendule.

Pourtant, Nestor préfère ne pas montrer
qu'il comprend tout, tout, tout !
Parce que, si on le savait,
on ne le laisserait plus tranquille.
On l'enverrait peut-être à l'école,
ou on l'engagerait dans un cirque...
Or, Nestor n'a pas du tout envie
de quitter sa maison :
il est si bien ici, avec Sophie !
Alors, quand Sophie crie :
« Où est passée ma poupée ? »,
Nestor ne répond surtout pas :
« Ta poupée est sous la table ! »
Non, il se dresse sur son perchoir
et il répète, avec sa drôle de voix :
« Où est passée
ma poupée ? »

Tout se passe donc très bien ainsi.
Mais, une nuit,
alors que Sophie et ses parents sont endormis,
deux voleurs, un grand et un petit,
pénètrent dans la maison.
Ils volent le beau tableau
de la salle à manger,
le chandelier en argent,
et avant que Nestor ait le temps de crier,
ils lui jettent un drap sur le corps,
et ils l'emportent.

Les voleurs jettent Nestor
dans le coffre de leur voiture,
et ils démarrent
en faisant crisser les pneus.

Dès qu'ils sont arrivés dans leur maison,
les voleurs ligotent Nestor
avec de la ficelle toute blanche.
Il ressemble à un plat de spaghettis !
Rien que d'y penser, Nestor a faim.
Mais les voleurs ne lui donnent rien,
même pas une petite graine,
même pas un petit peu d'eau.
Ils passent leur temps à fumer, fumer, fumer
Nestor se met à tousser, tousser, tousser.
Les voleurs, qui ne connaissent même pas
son nom, lui crient méchamment :
– Tais-toi, Coco ! Tais-toi, Coco !

Soudain, Nestor tend l’oreille.
Les voleurs disent qu’ils vont vendre Nestor
à un certain Roberto Gros-Bidon.
Nestor s’inquiète : « Oh là là, avec un nom pareil,
ce Gros-Bidon doit avoir de l’appétit !
Peut-être qu’il va vouloir me manger,
comme perroquet
ou bien comme spaghetti. »
Mais, pour se rassurer, Nestor se dit :
« Du calme, Nestor, du calme !
Tu es intelligent.
C’est le moment de le montrer ! »

Alors, quand le petit voleur se lève pour faire du café,
Nestor crie : – Ohé, ohé ! Petit canari farci !
Le grand voleur se retourne vers son copain :
– Quoi ? Qu'est-ce que tu as dit ?
Le petit voleur ouvre de grands yeux :
– Moi ? Rien du tout. C'est toi qui...
Mais Nestor hurle encore :
– Hé oh, hé oh ! Gros ouistiti moisi !

Cette fois, le petit voleur a très bien entendu.
Il s'approche du grand voleur en roulant les épaules,
il l'attrape par le col,
il le soulève de terre, et il le pousse contre le mur
en criant d'une voix menaçante :
– Qui c'est-y, le gros ouistiti moisi ?
Et Nestor crie :
– Qui c'est-y ?

Mais le grand voleur ne veut pas se laisser faire.
Il se redresse, il gonfle ses gros biscoteaux,
et, brutalement, il envoie un coup de poing
sur le menton du petit voleur !
C'est la bagarre ! Les coups de poing,
les coups de pied, les verres, les bouteilles,
et même les chaises volent au-dessus de Nestor
qui, pour une fois, se tait.

La bagarre est terrible.
Les voleurs font tellement de bruit
que les voisins arrivent. Ils demandent :
– Mais qu'est-ce qui se passe ici ?
Qu'est-ce que c'est que ce bruit ?
Les voleurs répondent :
– Rien, rien. On fait la fête. On s'amuse.
Mais, juste à ce moment,
Nestor se met à hurler : – Au secours !
On me tue ! Appelez la police !

Le petit voleur regarde Nestor
tout droit dans les yeux, et il lui dit :
– Tais-toi, Coco !
Nestor regarde le voleur
droit dans les yeux, et il répond :
– Tais-toi toi-même, vieux canari farci !
Cette fois, les voleurs comprennent
que ce perroquet
comprend tout, tout, tout !
Et ça leur fait une de ces peurs !
De grosses gouttes de sueur
leur dégoulinent sur le nez...
et, brusquement,
ils décident de s'enfuir.

Mais qui les attend derrière la porte ?
Ce sont les policiers
qu'un des voisins a appelés.
Quand les policiers voient Nestor,
ils le délivrent, et ils demandent :
– À qui appartient ce perroquet ?
Nestor leur répond aussitôt : – J'habite
chez Sophie, une fille très gentille.
J'ai son adresse, et même
son numéro de téléphone :
c'est le 04 23 58 21 98.
Ça serait gentil de
me ramener
chez elle !

Quand les policiers ramènent
Nestor dans sa maison,
ils disent à Sophie
et à ses parents :
– Voici votre perroquet !
Comme il est intelligent !
C'est lui qui nous a donné
votre numéro de téléphone.
Sophie demande :
– Toi, Nestor,
tu connais notre numéro ?
Mais Nestor répète seulement :
– Toi, Nestor,
tu connais notre numéro ?

Maintenant qu'il est chez lui, Nestor est très content :
il n'a plus du tout envie de montrer
qu'il comprend tout, tout, tout !
D'ailleurs, les policiers l'ont deviné aussi.
Ils disent à Nestor : – Adieu, petit cachottier !
Nestor répète : – Adieu, petit cachottier !
Et, en même temps, il leur fait
un clin d'œil géant !

François David est né en 1950. Parallèlement à son activité d'écrivain, il est professeur de théâtre et directeur littéraire aux éditions Motus. En 2002, il a obtenu le Prix international Octogones pour son livre *Les enfants de la lune et du soleil*, paru aux éditions Motus.

Jean-Claude Götting est né à Paris en 1963. Après ses études, il s'est lancé dans des travaux de bande dessinée. Aujourd'hui, il se consacre essentiellement à l'illustration de presse et d'édition, ainsi qu'à la peinture. Il a illustré de nombreux ouvrages chez des éditeurs jeunesse comme Gallimard, Acte Sud, Nathan ou Mango.

Dépôt légal : mars 2003
Loi du 16 juillet 1949 sur les publications destinées à la jeunesse

Achevé d'imprimer en février 2003 par Oberthur Graphique
35 000 RENNES – N° Impression : 4898
Imprimé en France